ROLAND 羅蘭

起步篇

ROLAND 監
井上紀良 漫
黃詩婷

獻給全世界的粉絲

要獻給大家的這本《ROLAND・羅蘭》，
不是單純的漫畫、但也不完全是我的自傳，
而是一個嶄新形態的故事。

那充滿焦躁感及挫折感的高中時代、
陷入新宿嚴苛世界的新人時代、
還有被大家誤認為輕鬆就獲得成功的
羅蘭時代發生的各種大事……

我在被稱為男公關界帝王之前，
只是許多平凡人當中的一個。
這樣的我，是如何找到閃爍著成功光芒的道路呢？

希望有許多人能夠從這個故事當中感受到些什麼，
藉此讓自己的人生更加明亮，那就太好了。

ROLAND

contents

1章 少年篇
你在入學典禮那天決定不上大學，而是去當男公關，
不會覺得不安或害怕嗎？
能以牛郎身分獲得成功的人真的不多見，這樣你無法預料自己人生的未來吧？

(錄音中)

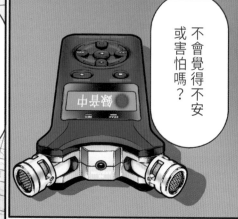

我呀……
覺得未來一清二楚的人生
比較可怕呢！

所以才刻意選擇無法
預料將來的道路嗎……

因為我在開學典禮上，就能預料自己的未來了。
大概就是努力找工作，在一個還算知名的公司裡當上班族，之後結婚。
隨波逐流找一個老婆，一起坐在那勉強到我退休能還清貸款的小公寓裡的沙發上，
一邊喝著氣泡酒，勉強自己對任何事情都加以妥協，看起來就很沒用……
從現在的羅蘭先生看來，無法想像那種情況呢！

我也有段時期，被迫接受所謂——普通的人生才是幸福。
但是要我說謊度過自己的人生，我可辦不到。
錄音中
那樣絕對不是符合我本性的人生。
カタ カタ…
您是因為預料自己會變成那樣，而感到非常害怕吧？
但是在男公關界，能獲得成功的人連一%都不到。
當時沒有人阻止您去挑戰嗎？

當然有囉，一百個聽說我要入行的人，大概有一百個阻止我。
即使如此，您的決心也沒有任何動搖嗎？
完全沒有！畢竟我不認為多數就是正確的。我又沒找你們商量，怎麼擅自給起我意見了？

而且就算聽了他們說的話，又沒有人要為我負責……能相信的、能負起責任的，都只有我自己。

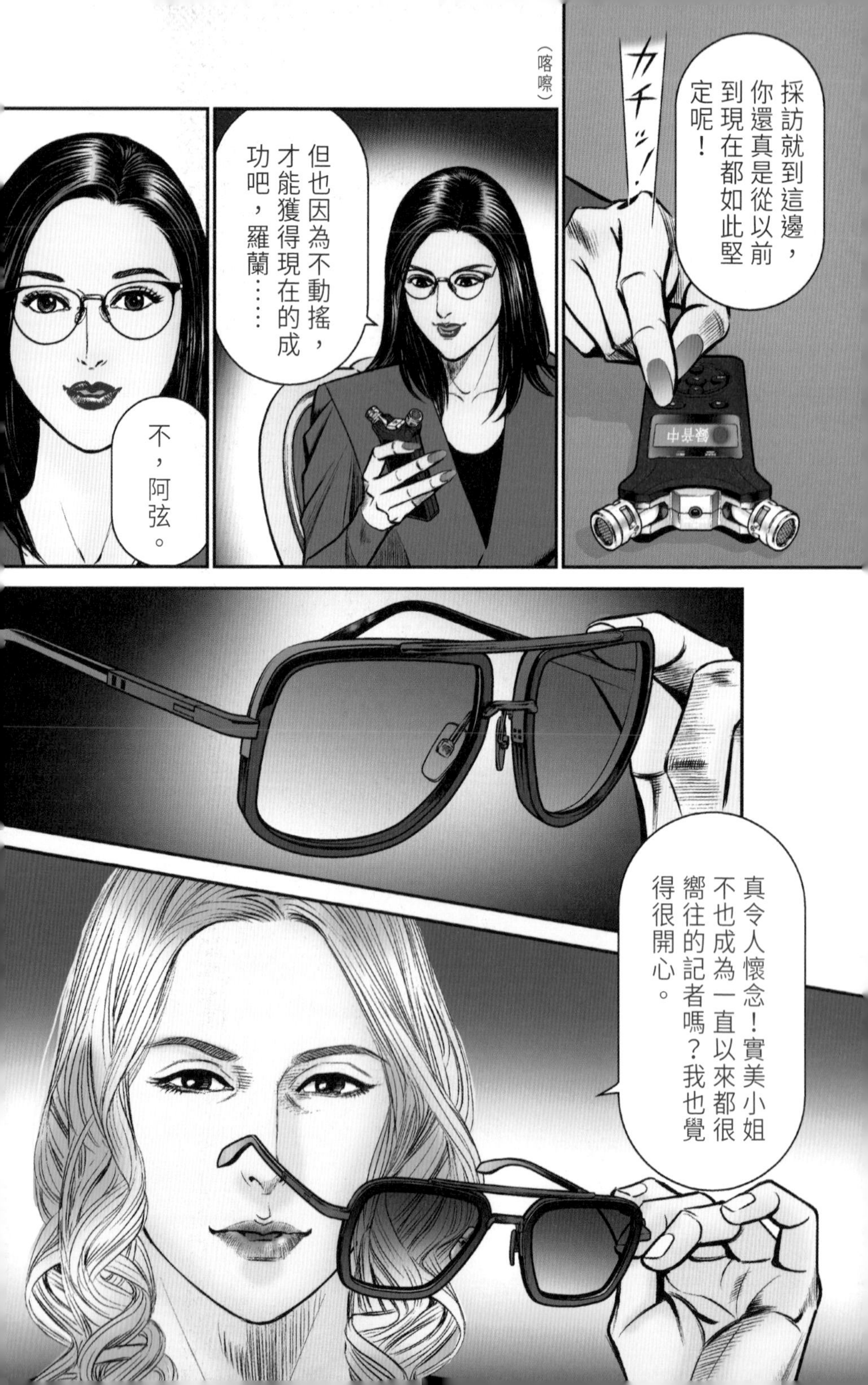
採訪就到這邊，你還真是從以前到現在都如此堅定呢！
カチッ！
（喀嚓）
但也因為不動搖，才能獲得現在的成功吧，羅蘭……
不，阿弦。
真令人懷念！實美小姐不也成為一直以來都很嚮往的記者嗎？我也覺得很開心。

但現實非常嚴苛，我老是追著一些出軌的藝人跑，不然就是面對案件的被害者……
BVLGARI
我……真的非常嫉妒你的才能……你能夠自由操控強而有力的言語，描繪出其他人無法描繪的世界。
遇到你之後，我才放棄了小說的世界，以成為非小說世界的報導文學者為目標。
妳的高傲可是不輸給我的呢！沒想到妳會這麼說……
但我認為實美小姐可是全世界最幸運的女性喔。
週刊文豪
6月4日号
咦？我嗎？

我認為女性要讓自己有所歷練，就必須遇見一個好男人。
在這方面，世界上最棒的男人不就近在實美小姐身邊嗎？
嘻！
確實如此！這次的工作讓全世界的粉絲都嫉妒我，但也沒辦法。
我的粉絲都很有禮貌，如果是妳才寫得出來的報導，大家都會很高興的。
刊文豪

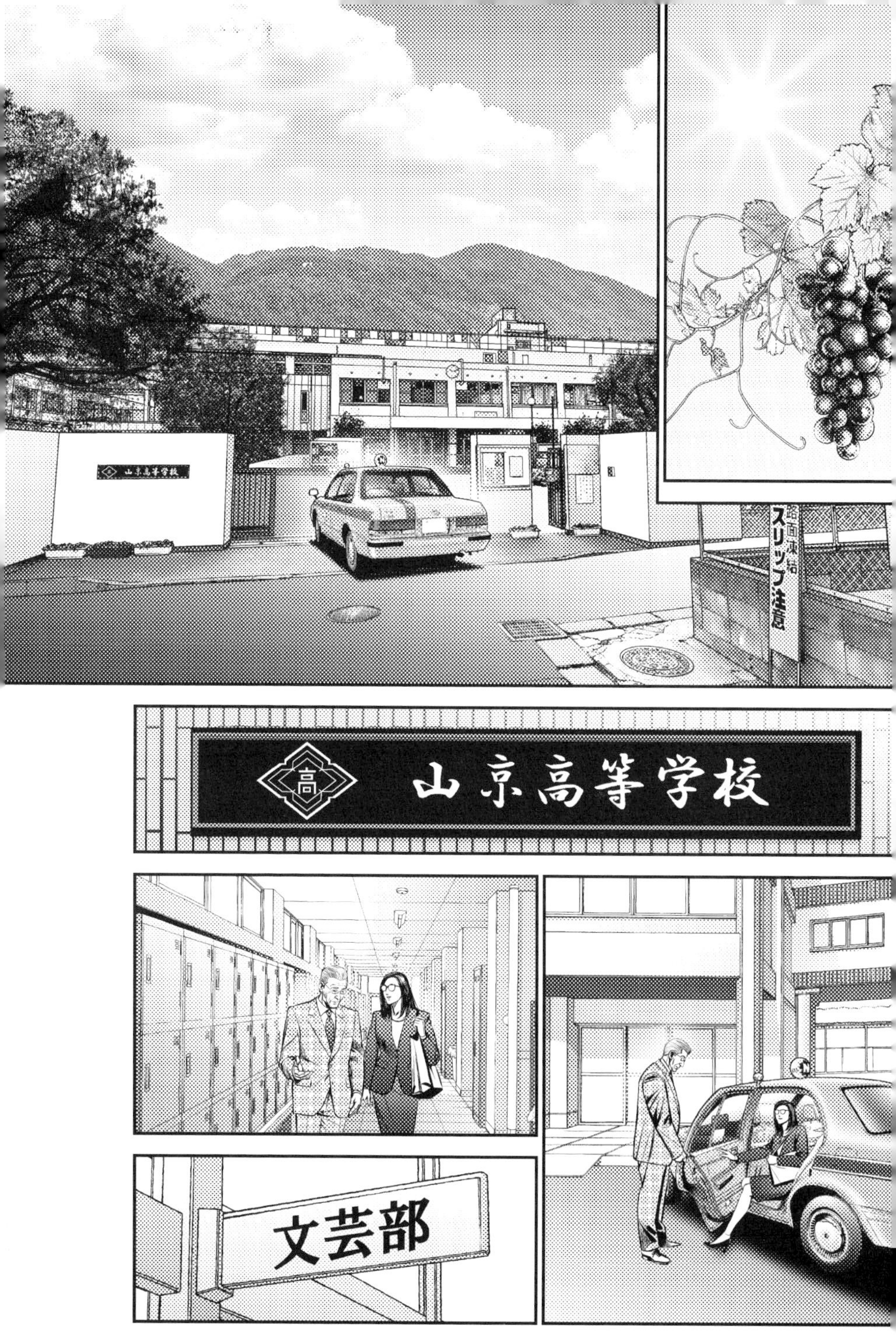
山京高等学校
路面凍結
スリップ注意
山京高等学校
文芸部

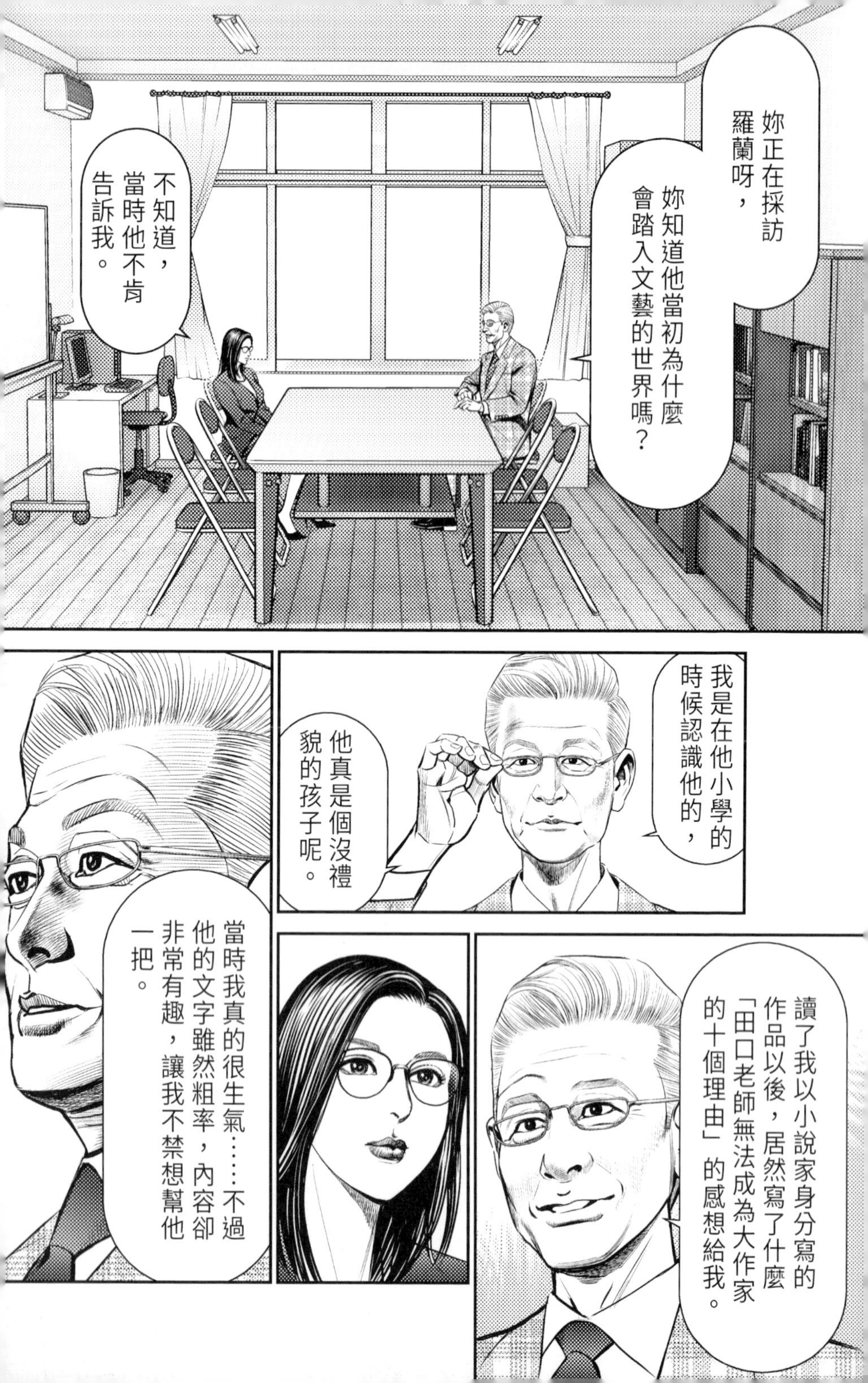
妳正在採訪羅蘭呀，
妳知道他當初為什麼會踏入文藝的世界嗎？
不知道，當時他不肯告訴我。
我是在他小學的時候認識他的，
他真是個沒禮貌的孩子呢。
當時我真的很生氣……不過他的文字雖然粗率，內容卻非常有趣，讓我不禁想幫他一把。
讀了我以小說家身分寫的作品以後，居然寫了什麼「田口老師無法成為大作家的十個理由」的感想給我。

他當時寫的作品，您還留著嗎？
我想讀一讀，但是他說原稿全都丟了……
因為不想回顧過去。
(起身！)
ガタン！
我怎麼可能會丟掉呢？
(咚！)
ドサッ！

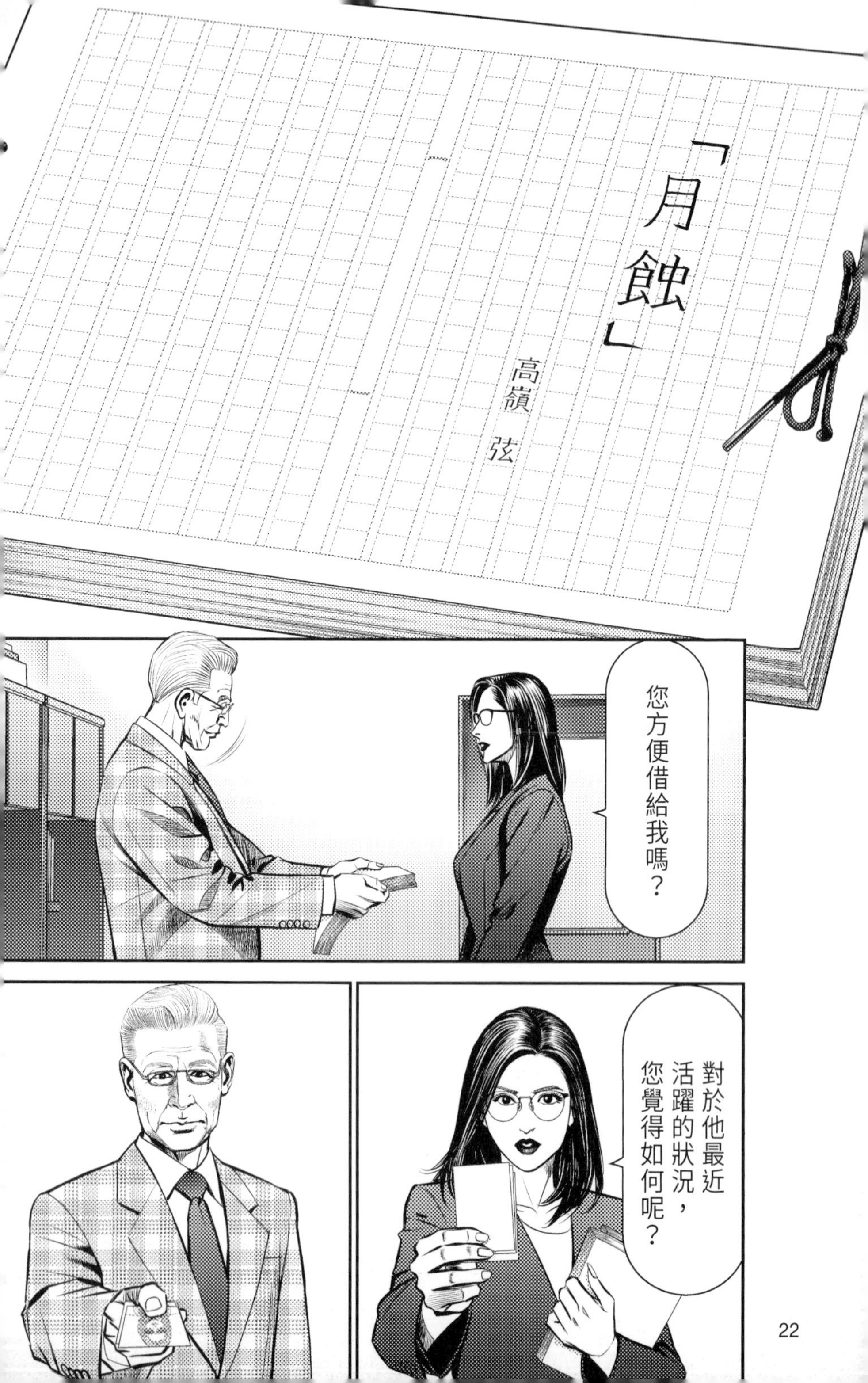
「月蝕」
高嶺 弦
您方便借給我嗎？
對於他最近活躍的狀況，您覺得如何呢？

怎麼說呢……應該說很有他的風格吧！
不過當我聽說他在大學入學典禮後馬上就退學，還真是嚇了好大一跳。
的確是。
他畢竟是有才能的，原先我是希望他能利用大學四年的時間挑戰小說……
為能源活下去的，這在現代日本人當中非常少見。
雖然是有些臭屁的年輕人，但很自然就會讓人忍不住看著他的一舉一動。

田口老師，謝謝您借了我這麼多書。
先前我也寫了感想，不過這都是些似曾相識的故事。
DAN BROWN
THE DA VINCI CODE
CECELIA AHERN
If You Could See Me Now
12年前【羅蘭16歲】
雖然這樣說對老師很失禮，不過這麼無聊透頂的小說，為何能拿到獎啊？

說得真過分呀，確實你非常有個性和才華，
但是無聊透頂的作品獲獎也是事實……而不拿獎就無法成為作家。
むっ！
（唔！）
得獎並非我最終的目標，
我只是想寫出至今沒人看過的有趣故事，讓世人嚇一大跳！
スッ！
（推！）
賞金500万円

月刊文豪
文豪新人獎徵選
獎金500萬日圓
娛樂小說　有趣即可，類別不限
稿紙400～500張
募集要項
●内　容
●応募資格
●対象年齢
●郵送で応募
●賞
●発表
●ご注意
応募先
東京都千代田区富士見0-00-00
（株）BUNKO『文豪新人応募 係』
500萬

如果想讓世人震驚，一個高中生奪下文學新人獎這種方式，應該不差吧？
獎金五百萬！
你要不要挑戰看看？

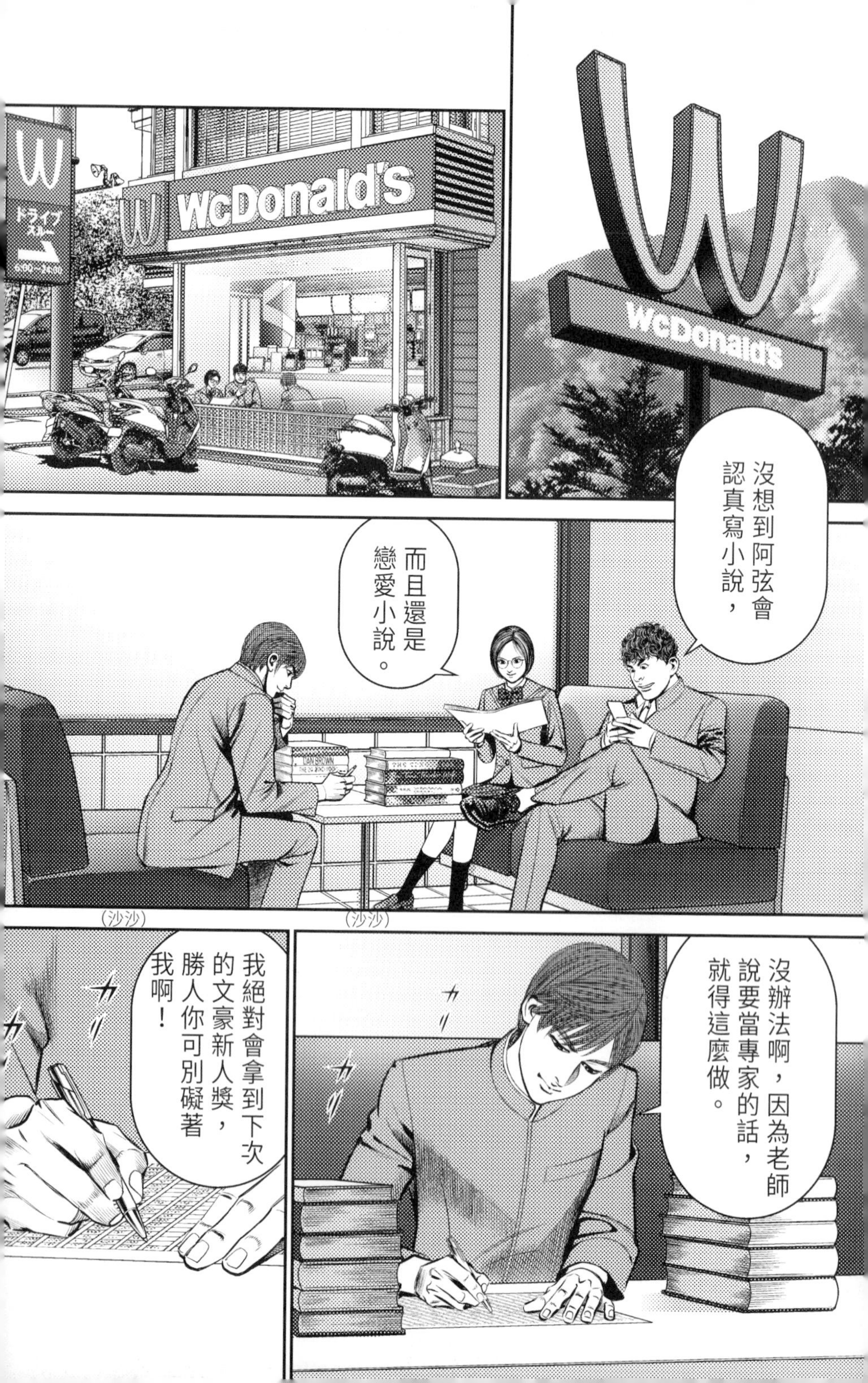
WcDonald's
ドライブスルー
6:00～24:00
WcDonald's
WcDonald's
沒想到阿弦會認真寫小說，
而且還是戀愛小說。
(沙沙)
(沙沙)
沒辦法啊，因為老師說要當專家的話，就得這麼做。
カリ
カリ
我絕對會拿到下次的文豪新人獎，勝人你可別礙著我啊！
カリ
カリ

雖然才寫了一半，但非常有趣，似乎真的能得獎呢！
獎金有五百萬對吧？欸，得獎的話請我吃壽司嘛！
鮪魚肚啦、很多鮭魚卵的，不會轉的那種壽司！
哎呀，獎金不過才五百萬而已。
但要是賣了一百萬冊，版稅就上億啦。就去築地標下最貴的鮪魚，當場請人家殺給我們吃吧！
你說真的嗎？你說到做到，對吧！
先拿到獎再說。

無料 案内所
ブレナビ
らーめん
博多天神
RIZ
B1
博多天神
阿弦，我是老爸。你能不能瞞著老媽來一趟新宿？
應該也能為你的小說帶來靈感喔。

歌舞伎町一番
1F
B1
リーチ麻雀
Point
DVD・VIDEO
無料案内所
味千拉麺
2F
B1-
キョロ
キョロ

キョロ
キョロ
這條街上有點恐怖呢……
(叭ー!)
!

バカヤローーッ!!
(混帳東西ー！)
這位小哥，此處可是萬象森羅的異世界，要多加小心喔。
不過這兒也是能見到夢想的世界，希望你不會討厭這裡。
謝、謝謝你。
咦，這是怎樣？真的有這種人喔？

（轟！）
搞什麼啊！歌舞伎町還真是個神奇的地方……
原來如此，爸爸也許就是想讓我見見世面……

 協力：Jeremiah Tokyo

阿弦，你怎麼拿著一朵玫瑰啊？
遇到了好像很厲害的人，不知為何，他就送給我……
方便的話，就放在店裡裝飾吧！
謝謝！我想一定是阿弦很適合這個地方，他才會送給你的。

阿弦，這條街有各種人，當中有很多怪人。
爸爸想讓你見見這種脫離日常生活的世界。
好啦，坐下吧！點些自己喜歡吃的東西。
您想喝點什麼呢？
那……柳橙汁！
JERRY THOMAS

飲……)
ズビッ…
超好喝的！這就是兩千元的味道嗎！
寫小說的時候需要爸爸幫什麼忙，就儘管說吧！
你爸我沒有在看小說，但是你有觀察力，也有自己的觀點，我想應該很適合的。加油囉！
老爸好難得這麼認真跟我說話……

欸……你認為身為男人，幸福是什麼？
我想，這種事情在小說當中頗為重要，人生為什麼而活？
也就是你將來想成為什麼樣的男人？怎麼樣你才會覺得幸福？
對男人來說的幸福啊……
就是成功大人的樣貌……
嗯……開輛好車？

阿弦，你覺得開著賓士亂跑的大叔，看起來幸福嗎？
好像的確是那樣……
會不會因為家裡總是烏煙瘴氣，所以只能待在車上，根本不懂真正用錢的方式。
那麼，對爸你來說，幸福是什麼？
就是被喜歡的女人，耍得團團轉啊！

什麼啦！不要開玩笑啦！
你可是我兒子哪，有一天你會明白的。
（驚！）
不，等等，確實那位男公關或許也是被喜歡的美女耍得團團轉……
否則怎麼會送她那麼一大把玫瑰呢？一定是這樣……

身為男人，是為何而活、要怎麼活，
思考人生和幸福的本質，我認為對故事來說是非常重要的。
爸，你就等著看吧！我有自信寫出好小說。
上吧！盡量去做！不過要記得一件事。
不管是開好車到處跑，還是聽從女人任性要求，都先要在事業上獲得成功！

寫小說
絕對是條辛苦路，
但要做，
就要認真做！
路面凍結
スリップ

WcDonald's
パ
(啪！)
ふ〜〜〜っ！
(呼〜！)
我終於寫完五百張稿紙了……

真的非常有趣，果然試著挑戰長篇是正確的。
你觀察人的眼光非常敏銳，登場人物也描寫得非常確實、對白非常有力。
從文字中，看出登場人物拚了命地活著。
文芸部
不過還有調整的空間，盡量修改到最後一刻吧。

作品完成了，辛苦啦！要是能得獎就好了！是否準備寫下一部？
我已經把想寫的東西寫出來了……
下一部嘛……得再想想。
下一部為了某個人寫怎麼樣？比方說寫給媽媽。
哎呀，也希望大師能寫我爸爸的愛情故事。
ワンワンワン
(汪汪汪)
ペロペロ
(舔舔)
幹嘛啦！你也希望我幫你寫嗎？

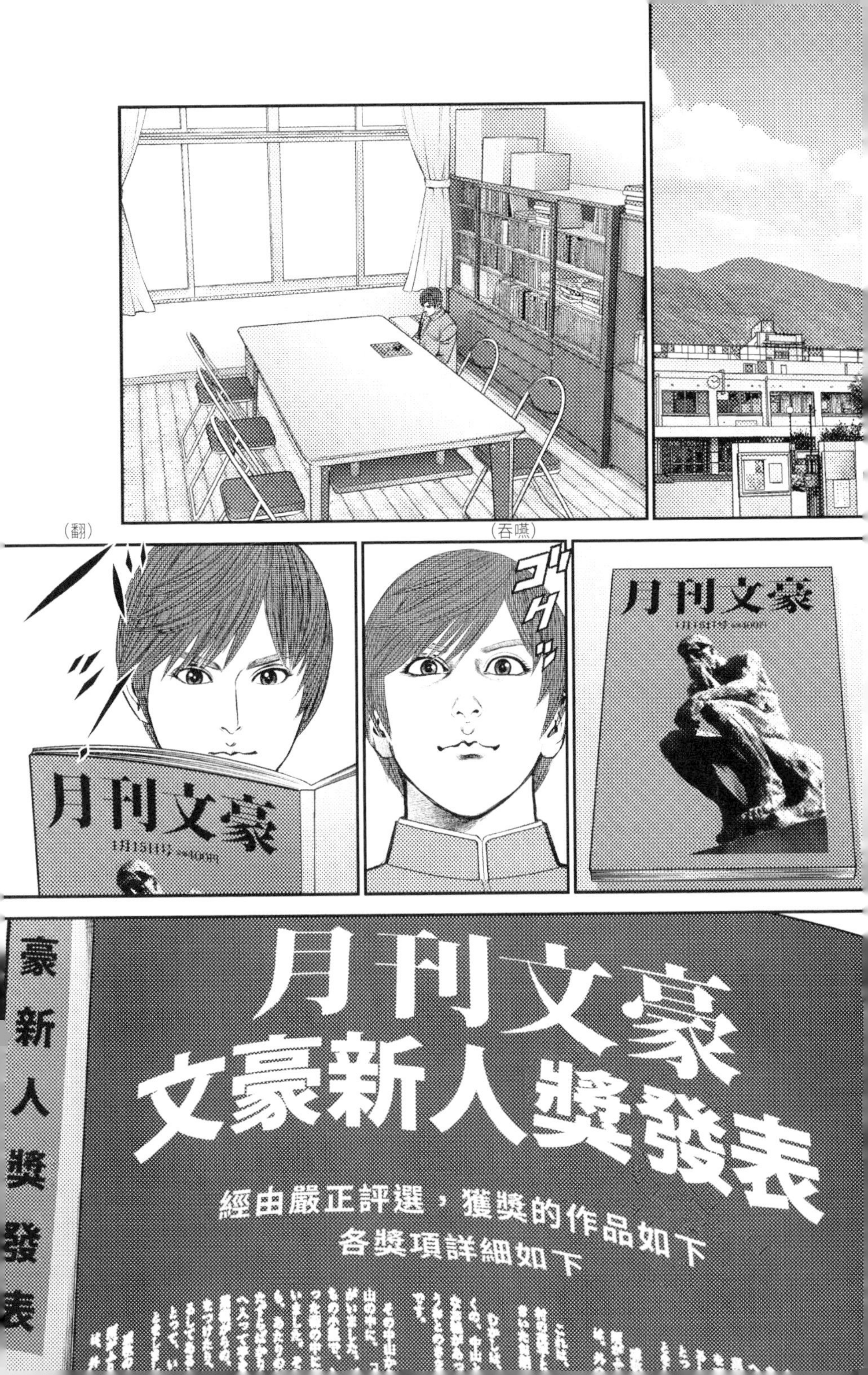
月刊文豪
(吞嚥)
ゴクッ
(翻)
月刊文豪
月刊文豪
文豪新人獎發表
經由嚴正評選，獲獎的作品如下
各獎項詳細如下
豪新人獎發表

文豪新人獎
最優秀獎
「有沢陸橋」
優秀獎
從缺
佳作
佳作
「わが宿願の
「心療内科の
「空想する煌め
精神病患者の
ポンッ!
(啪!)

ドサッ!
(倒!)
我應該說過吧，夢想不是那麼容易到手的東西。
你有自信說，自己已經全力以赴了嗎？
是啊，我很認真呢……

(碰！)
這樣啊……那麼你只要找到下一個目標即可，人生才要開始呢。
總之你就先上大學，找到下一件想認真做的事情吧……
畢竟你的故事，才剛開始而已。
……
賽巴斯汀，你應該懂我吧……
我還以為至少能拿個佳作呢，結果只是空虛的過度自信……

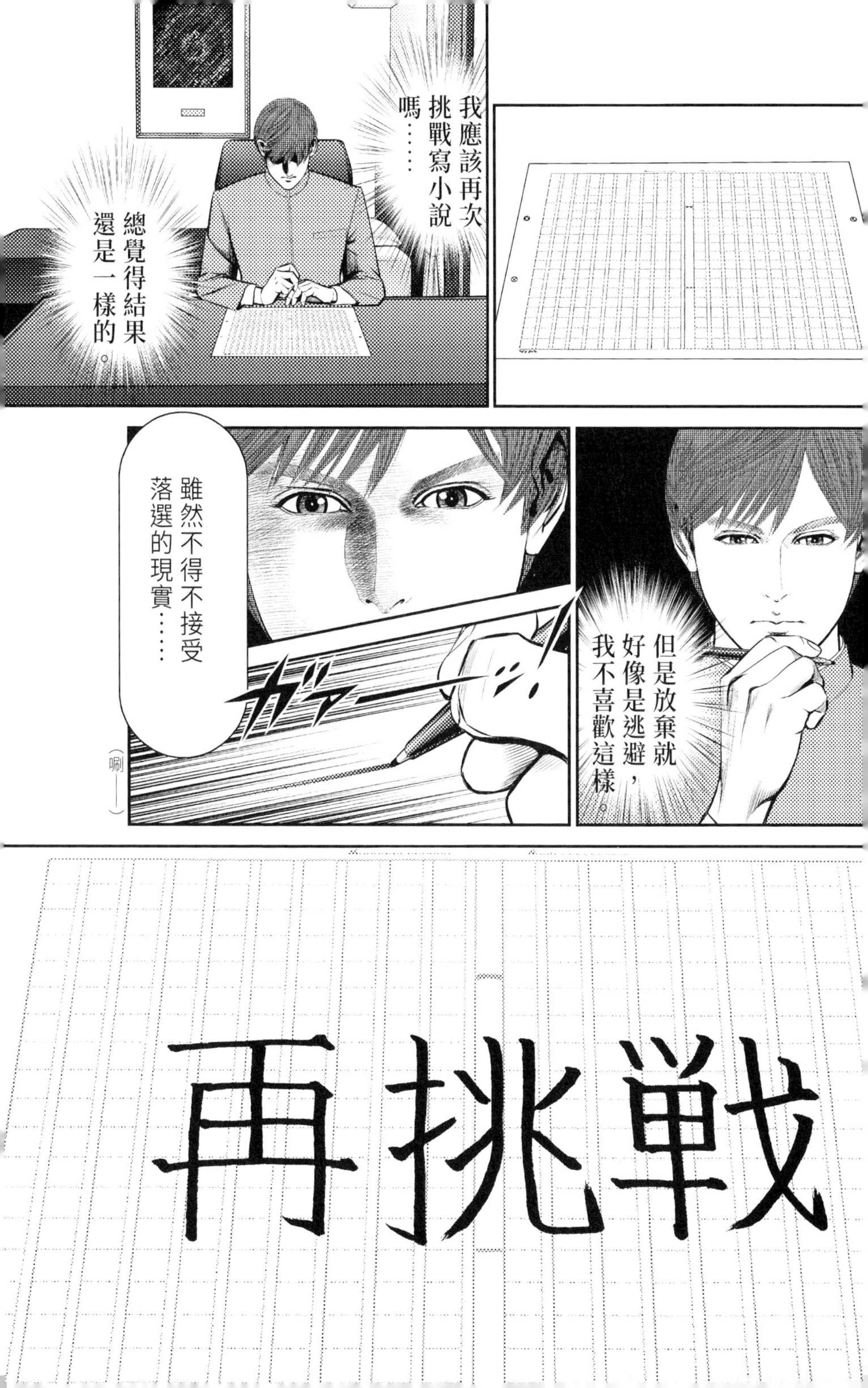
我應該再次挑戰寫小說嗎……
總覺得結果還是一樣的。
雖然不得不接受落選的現實……
嗍——
但是放棄就好像是逃避，我不喜歡這樣。
再挑戦

ポタ
ポタ
（滴落……）
ポタ…
再挑戦
挑
不行……我完全沒有提筆寫小說的力氣……
我是否一定得要接受這個悲傷的故事結局呢……
再挑戦

——一個月後
你都沒來學校上課，真是讓人擔心！
不該因為一次的投稿失敗，就這樣意志消沉。
應該這樣說，阿弦你的作家之路的挑戰才正要開始。
我原先是想一邊寫著小說，一邊認真面對自己應該要如何生存的。

所以……我不能將還年輕當成藉口。
現在空無一物的我，落選是意料之事。
這樣的話，你要不要試著參加其他的文學獎？
我是邊想著今後該如何生存、然後一心一意寫出來的，所以我已經能夠預料到結果了。
如果我本身沒有魅力，就無法成功……

我並沒有討厭小說。
我想自己絕對會再次提筆，但不是現在！應該要等到我更加壯大的時候！
真的非常感謝老師……
カタン
阿弦！等等啊！

我想更加努力，將來成為一位記者。
阿弦，你要怎麼辦？
沒特別想法的話，就跟我一起去念東京的大學吧。
用四年的時間找出自己想做的事情就好了。
我是對東京有點興趣啦……
田口老師也說過吧，
畢竟你有才能，就當萬一寫小說這條路不成的後路就行。
直接放棄太可惜啦！
不……我已經盡全力寫過了。
ドッ
但沒有想做的事情，還是先上大學吧……

大家都是這樣。如果想當醫生，就去醫學院。
想當律師，就去法學院之類的，已經那樣決定好的人只是占少數吧？
欸……是沒錯啦。
還是你有什麼很在意，想做的工作嗎？
(嗶！)
(按！)
你們看看這個訪談節目。

這位是在歌舞伎町人稱「夜王」的男人。
我並不是想要有個敵手，而是希望有後繼接班人。

他是「道明寺聖也」，當然這是他身為男公關的花名。
雖然他已是名副其實的第一，卻不打算隱藏自己的野心。
畢竟如果沒有具備真正的才能、待客之道專業意識的年輕人繼任，我可無法退休。

咦！你該不會是想當男公關吧？
我曾經見過這個人。
我生平第一次踏進歌舞伎町，他送我一朵玫瑰，真的很帥氣。
你是開玩笑的吧？
別鬧了，別鬧了！
當牛郎過活，可是比寫小說還困難啊！

我當然明白，只是……
總覺得歌舞伎町在呼喚我！

平成23年度 帝都大学 入学式
平成23年度 帝都大学 入学式
真糟糕……
我對這種新生活
沒有半點興奮感。
果然我不應該
待在這兒的……

哈囉，等一下要不要找幾個女生去喝酒？
ガタン！
(起身)
你是怎麼啦？從剛才就一直很煩躁的樣子……
沒什麼……
一點都不像高中的時候那麼有活力又幽默，
你不總是會說些很有趣的事情，讓大家開懷大笑嗎！

喂，好好聽課啊！要是不明白重要的歷史，
以後會被當成笨蛋哪。
ニヤ
ニヤ
老師，歷史才不是什麼我該學習的東西，
而是要由我創造的啊！
キッパ
ドッ

我是覺得會遇到有趣的人，才來東京的。
但在那個體育館裡，不管是老師還是學生，都沒有看上去閃閃發光的人。
……
總覺得……這裡只是些駑鈍無趣之人，很無聊呢……
再會啦。
我不想說謊過活，也想好好活出自己的故事呀。
沒有大學生那麼認真的啦！

櫻花真是美麗啊！全日本的男女老少都期待這個季節的來臨。
由於受到期待，因此回應這份期待，美麗盛開後再美麗凋零。
這是多麼高雅潔淨的生存方式啊！

好厲害，你喜歡小提琴嗎？
……我不知道，可是媽媽說……

那就別拉啦！
做你自己喜歡的事情吧！然後成為世界第一！
喂！你是哪位啊？
這位媽媽，我想見到妳最棒的笑容。
ドキッ！
（怦！）

所以我才覺得，得為這孩子找到最能讓他發光發亮的道路才行。
不管其他人說什麼，都要往自己相信的那條路邁進。
老實將自己辦不到、還有想做的事情說出口，並且負起責任，可是很帥氣的喔……

給十七歲的羅蘭

自己應該能夠改變世界吧？

如果回到十七歲……我想應該還是會做出一樣的選擇吧？仍然會**挑戰去當男公關，目標是成為歌舞伎町的第一名**。因為我有自信，就算回顧自己的人生，這也是最棒的選擇。

因此我應該會對阿弦這麼說：

「你就相信自己『有點美麗的錯誤』然後繼續前進吧，你沒問題的。」

也許有人會覺得這麼說非常奇妙，但我還是想說明一下，這本《ROLAND・羅蘭》漫畫，刻意在某些部分融合了虛構的故事在其中。這並非完全紀實的作品，但也不完全虛構的。甚至可以說非常貼近我的生活方式及情緒等，將這些都栩栩如生忠實地描繪出來。

因此，就連我自己看了，都覺得馬上回想起十年前立志成為男公關的那一瞬間，還有無後路可退時的危機感等等。那時候的擔心，活生生又有些令人懷念的重現在我眼前。

阿弦高中的時候是文藝社，想成為小說家對吧？我則是以運動項目推薦進入以足球聞名的學校，當時是很認真想要成為職業選手。想要成為該領域的第一，那種略為禁欲的思緒和猛烈衝刺的熱情，兩者是完全一樣的。**將實現自己的夢想作為目標，拚命提升自己的技術，每天咬緊牙關努力向前。**

但結果我甚至連夢想的邊都沒摸著。現在我非常明白，當時自己的實力根本不可能成為職業選手。長大成人得到許多經驗之後，我現在也能客觀看待當時的自己。

但是當時的我腦中有著認為「自己和別人不一樣」的幻想，以現在的話來說就是中二病吧。非常積極地誤以為「我應該能夠改變世界吧？」不過正是這種想成為電視裡的超級英雄的純真念頭，從孩提時代起就支撐著「我＝羅蘭」這個人。

在我的觀念當中，有一點是「為了更上層樓，需要的是『**有點美麗的誤會**』」。每當被各種人詢問「你成功的祕訣是什麼？」我就會這樣回答。重新想想，每天拚命踢著足球根本連女朋友都交不到的我，居然覺得自己能在歌舞伎町好好過下去，這可不是挺美麗的誤會嗎？

高中的時候，我怨嘆著自己無人賞識，甚至希望自己能夠重新投胎成其他人。但是，**那痛苦怨懟的時期卻是我的財產**。那個時候，如果我不曾那樣全力以赴，大概就不會起反叛之心打算衝進歌舞伎町過活，當然也就不會有現在的我了。

只不過是再次度過，回顧時也毫不後悔的人生

認真是非常美麗而可怕的東西，就像是你說女孩子認真做出來的巧克力不好吃，那就會有非常慘的遭遇是一樣的。**全力以赴認真以對卻沒能實現的時候，人類會發揮出不可限量的力量喔（笑）**。

所以我會讓十七歲的自己做相同的決定。當然不可能因此就輕易地接受過程中

的悲傷，也知道會經歷一番辛勞，但還是會做一樣的選擇。如果問我：「要不要再做一次自己？」我不會隨便就回答要不要，而是打從心底誠實告訴你：「我想再當一次羅蘭。」

當然，有時我也會想著，應該對爸媽或者特定的某個人更溫柔點就好了，或是有人成為我的精神支柱，應該對他道歉卻沒好好道歉等等。但是，我想不管轉世投胎多少次，我都還是會過著相同的人生吧。

與改變我人生的聖也相遇

我會選擇男公關這條道路，是因為**在我小學時遇到了《夜王》**（注：倉科遼原作，井上紀良繪製漫畫。故事敘述主角的場遼介自北海道來到新宿歌舞伎町，牛郎們在該處展開各式各樣對決）**讓我留下了深刻的印象**。

那是我心中首選的故事。舞台是金碧輝煌背後卻有其黑暗面的男公關，美麗的女性們用金錢奉獻給男性，成千上萬的鈔票飛舞，男性們則為了獲得更高的營業

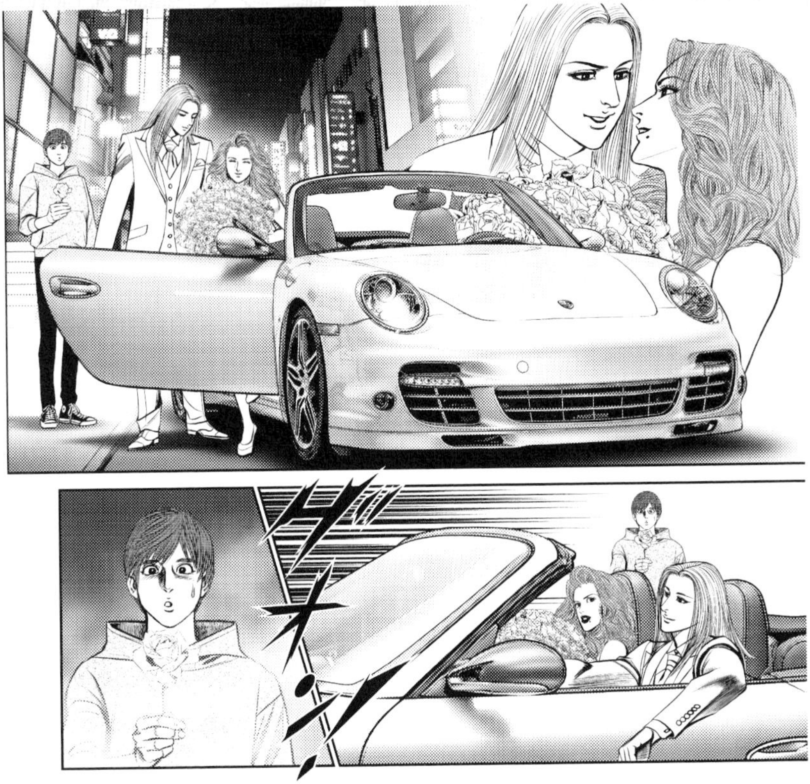

額而切磋琢磨。我對主角的場遼介沒什麼感覺，完全是男二的上条聖也派。沒錯，我的打扮看起來也是聖也風格對吧？他抱著紅玫瑰花束、開著保時捷敞篷車出現的場景如此帥氣打動我心；不管任何事情都要獲得勝利那種堅持、相對地也在背後付出相當的努力這點，我深有同感。

雖然有人說羅蘭是獨一無二的，**但我能夠斷言，聖也是惟一影響我的人物**。聖也和嘴上說著要讓大家都幸福的遼介不同，背景非常複雜。他是個現實主義者，具有冷靜的人生觀，明白不可能讓所有人都幸福。進入歌舞伎町以後，雖然我也曾見過真正有名的男公關、還有收入上億的男公關們，但我對於「絕對是我比較帥氣」這點深信不疑，尊敬的人仍然不是存在於現實中的男公關，而是更好的男人聖也。

在這個《ROLAND・羅蘭》的故事當中，有我夢想中相遇的場景，這實在太令我開心了。雖然我在接受訪談的時候，好幾次提到《夜王》的魅力，但是這種合作我自己做不來，而且在我想做的事項清單當中，也是困難度特別高的一項。

也許這該說是羅蘭的特權吧，看到這段漫畫的瞬間我心想：「幸好我努力到現在。」畢竟他可以說是引領我的人物當中數一數二的。

對於我來說，《夜王》就像是聖經，**希望這本《ROLAND・羅蘭》也能夠成為某個人的聖經，希望我自己也能成為某個人的「聖也」**。

2章 挑戰篇

JCII一番町ビル
株式会社
大文豪社
日本カメラ博物館
JCII Camera Museum B1F
JCIIフォトサロン
大文豪社
ドッ!
(咚!)
前輩您是從文藝部門過來的對吧？我記得您也負責過新人獎。
在徵選的時候落選作品的評價還留著嗎？
找一下可能會有吧。因為有妳認識的人投稿嗎？

我讀過稿子以後，覺得這內容就算得獎也不奇怪呢。
而且這是十年前的作品了，現在讀起來也不覺得落伍。
唉呀，運氣不好因而落選的作品多得是呢，
有實力的話，多投幾次就會有成果了。
那個人後來放棄寫小說了嗎？
他只投過一次就放棄了，是高中時代的羅蘭。
不會吧……
月刊文豪 副總編 清水

妳在這兒啊？
既沒女人味又沒存在感，
我都沒注意到妳在這裡。
月刊文豪 總編輯 藤井
妳先前寫的羅蘭
稿子我看了……
後面的部分呢？
在等他確認，
下星期一……

我對妳是沒什麼期待啦，不過羅蘭現在挺賣的……
趕緊開始連載，之後看迴響狀況，決定要不要出成書。
下一份稿子如果不行的話，我就派別的編輯和記者接手！
等等！
因為是我採訪他才答應的，如果是其他記者他不會接受的！

那妳還不皮繃緊一點，好好努力！
這是妳最後的機會！總是慢吞吞的！那麼有空的話……
ダッ!!
(噠！！)
是我玲實……我傳給阿弦的稿子如何了？
JCII 一番町ビル
我不是要催他，只是如果有比較在意的地方，可以直接跟我說。
真抱歉百忙中打擾了。
我等一下要去訪談他妹妹……好的，再見。

白金台PLATINUM cafe
我是玲實，有十年沒見了呢。
好久不見，好懷念喔。
妳現在還經常和哥哥見面嗎？
畢竟他越來越忙，見面的機會減少了，不過還是經常有連絡。
在電視上或網路頻道上經常能看到他感覺有些不可思議。
羅蘭的妹妹　奏

您是否為他感到驕傲？
是啊，不過我覺得我哥果然就是會這樣。
因為他一直都說自己會變成大人物。
我也是這麼認為！我也訪問了文藝社的田口老師，關於他在大學入學前後的糾葛。
可否告訴我，他後來是如何成為牛郎的嗎？
好的……有一天他突然離開家中，不知去向，似乎就是去了新宿……

新宿 ALTA 前
十年前——
STUDIO ALTA

小哥幾歲啊？看起來時間很多喔。
你坐在這兒好一會兒了，該不會是被女朋友放鴿子了吧？
ALTA
我十八歲……你是？
敝姓森川，是男公關俱樂部的店長，你有沒有興趣？
CLUB HAREM
男公關俱樂部
店長 森川 義巳

HAREM啊！
CLUB
HAREM
男公關俱樂部
店長　森川　義巳
那麼森川先生和我的傳說，就從這間HAREM開始了。
真令人期待。
咦？什麼傳說？

H
CLUB
HAREM
歷史上無人能比的……頂尖男公關誕生的傳說！

焼肉
ザッ!
PLATINA
PLATINA
KGか、それ以外か。
GROUP
LEGEND

歡迎來到歌舞伎
男公關界日本第一
KG×PRDC
BEST COMPLETE
聖也先生……
請您看著我。

男公關俱樂部　HAREM　總公司
HAREM
KG×PRDC
協力：KG-PRODUCE

LiquorShop
ONE
リカーショップ・ワン
（噠噠）
カツ
カツ

STAFF ONLY
老闆，我帶了個有趣的傢伙來。
STAFF ONLY

HAREM 總公司 老闆 宇佐美
(敬禮)
ス
ッ
(咚！)
ドッ！

你有男公關經驗嗎？先前是做什麼的？
スッ！
履歴書
高等学校 入学
卒業
大学 中退
職歴
我沒有男公關經驗，高中之前立志成為小說家，但為了在歌舞伎町打造傳說，兩個小時前從大學退學了。

履歷書
平成23年4月9日現在
ふりがな たか みね げん
性別
氏名 高嶺弦
男 女
生年月日 1992年 7月 27日生（滿 18 才）
ふりがな
志願動機、特色等
志願動機 是歌舞伎町在呼喚我！
專長 自我有記憶起就有打造傳說的習慣
這傢伙真的有趣嗎……
嗯，不過至少看起來頗有殺力的樣子。
好，明天穿西裝來上班！

抱歉，因為有個重要工作……如果不努力做，就沒有將來了。
以前的妳，是不會這樣突然取消約會啊！
玲實的男朋友　悠人
別這樣說嘛……等這件工作完成，穩定下來之後我一定會補償你的。
妳該不會從以前就喜歡著羅蘭吧？
別開玩笑了！說什麼傻話？你該不會嫉妒他吧！

我才沒有嫉妒！
我只是擔心
妳被牛郎耍得
團團轉而已！
（噠噠！）
（碰！）
他也許看到
這個了吧……
（震動　震動）
喂喂？

是玲實沒錯吧？妳的心靈怎麼如此乾涸？
抱歉……沒什麼。
不要把自己逼太緊囉，見過面以後我就很擔心妳。
你看得真透澈……這樣子我感覺有點丟臉。

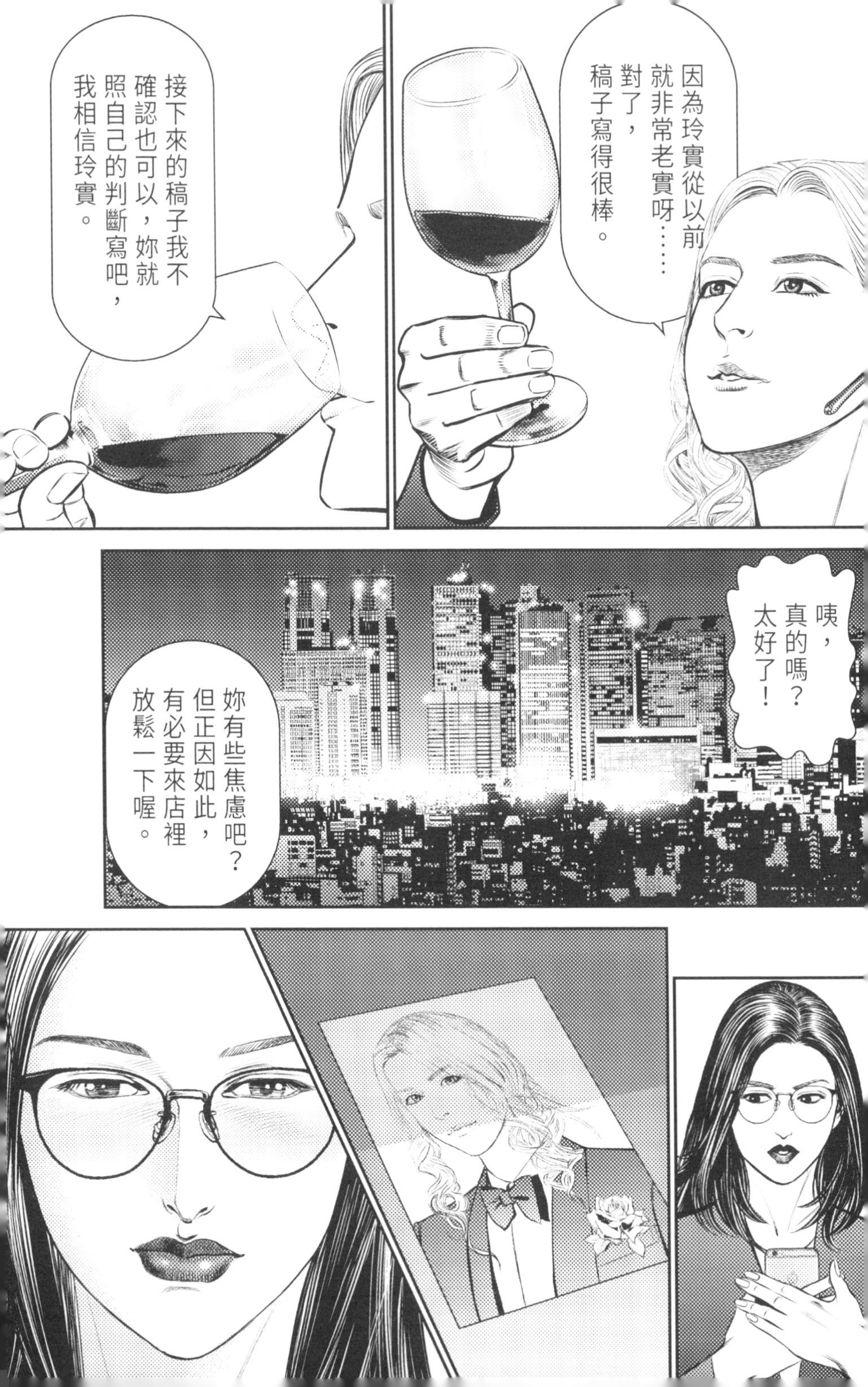
因為玲實從以前就非常老實呀……對了，稿子寫得很棒。
接下來的稿子我不確認也可以，妳就照自己的判斷寫吧，我相信玲實。
咦，真的嗎？太好了！
妳有些焦慮吧？但正因如此，有必要來店裡放鬆一下喔。

HAREM
KG×PRDC
ONE
我第一次來，可以麻煩指名阿蘭嗎？
阿蘭嗎，剛剛才有人指名他，需要稍等一下……
那麼我想先和森川先生談談。
咦……我嗎？
我是一名記者，目前正在寫和羅蘭先生相關的稿子……
那麼您請這兒走。

那傢伙已經超越了男公關明星的程度哪……
我聽說，他一開始也沒有人指名。
那時他確實不行……
不過那傢伙見過地獄以後，還能爬上來，甚至打造那麼輝煌的紀錄……這點還真是沒人能預料到。

今天起有兩位新人進店試用，大家多多照顧他們，你們自我介紹一下。
大家好，我是阿弦！
為了在歌舞伎町打造傳說，我會努力盡快成為這間店的第一名！
HAREM NO.1 男公關　羅梅歐

好啦，接下來是阿蘭。
大家好，我是阿蘭。
我會好好努力，希望大家能認同我。
（敬禮）
ペコッ!!
也許會給大家添麻煩，還請多多指導我！
驚安の殿堂
ドン.キホーテ
Don Quijote
歌舞伎町
Kabukicho
アラビアンロック
ミステリ
Tax Free Shop 免税店

驚安の殿堂
ドン・キホーテ
Don Quijote
歌舞伎町
Tax Free Shop 免税店
Don Quijote
羅梅歐先生，你好呀！
我說你啊，最好取個比較有魄力的名字。
抱歉，這是我重要的本名……反正我又沒必要靠名字。

ザッ
前輩的溫柔建議，你聽進去會比較好喔。
（撫摸）
ピク
這傢伙不只高而已，體格鍛鍊得也不錯……

謝謝你的建議，反正馬上就會有結果了，你就好好地看著吧。
你啊，連在店裡都沒大沒小的，傳出去對我們店的評價不好，你最好多注意一點！
這傢伙……真是有夠麻煩的。

Vittel
這兩個是最近來的新人。
大家好！我是眾所盼望的新人阿弦！

你光會耍嘴皮，給我安靜一點。阿蘭，跟大家打招呼。
我是阿蘭……
希望大家回去的時候，至少記得我的名字，我就很高興了。
兩個人是完全不同類型呢！
幫客人弄點酒吧，這是很高級的酒，別失禮了。
（喀啦——）

你該不會就是誇下海口說要改變歌舞伎町歷史的人？
對呀，我會像智慧型手機那樣，改變歷史喔。
說不定妳也會在這個傳說當中登場？
喂！弦！不要得寸進尺！
這傢伙就只有體型跟態度特別龐大，但完全不了解現實。
這方面你倒是可愛多了，我中意你。

我們同年，宿舍好像也在同一個房間，請多指教！
請多指教，但我剛才摸過大便。
パッ
不會吧！
（嚇！）
開玩笑的，我們趕快成為大人物，從打掃組畢業吧！

新宿ゴールデン街
啊，等等，不要這樣啦。
ガッ！
（抓！）
你是誰啊！

我是路過的正義使者、淑女的好夥伴。
因為我被艾瑪耍得團團轉啊！
（逃！）
（啪啪）
誰管你啊，你很遜耶。
（瞪）
（拿出）
艾瑪小姐，別浪費了妳可愛的臉龐。
你是誰啊？
（遞

ピッ
那傢伙要是再攻擊妳，就聯絡我吧。
(閃！)
日本的警察根本不能相信，我可是比FBI還可靠唷。
CLUB HAREM
高嶺弦
パシッ!!
(揮手)
明明是牛郎，卻沒拉客叫我去他店裡……

V.S.O.P
Hennessy
COGNAC
Vittel
(呀哈哈)
(哇哈哈)
(哇哈哈哈)
畢竟你們同期，要不要向他請教一下？
這只不過是時代還跟不上我罷了。

最近每天都只吃一個麵包或泡麵……
(搖搖晃晃)
這樣下去別說是傳說了……
搞什麼啊，這輛破腳踏車，輪胎又漏氣了！
(哇！)
(叭──！)

パァン!
(轟隆隆)
パァ
羅梅歐……
你給我記住!

トボ
トボ
（喀啦喀啦）
打氣
50元
又是你啊，小哥！該不會沒有錢吧？
沒關係，等你成功了再來付錢吧。
真是感激不盡！

中央線
大久保駅
ジャーーッ！
（沙——！）
阿弦，我要搬走了，冰箱裡的東西就留給你囉。
ふわ～～っ
（呼～）
真的嗎？謝啦！

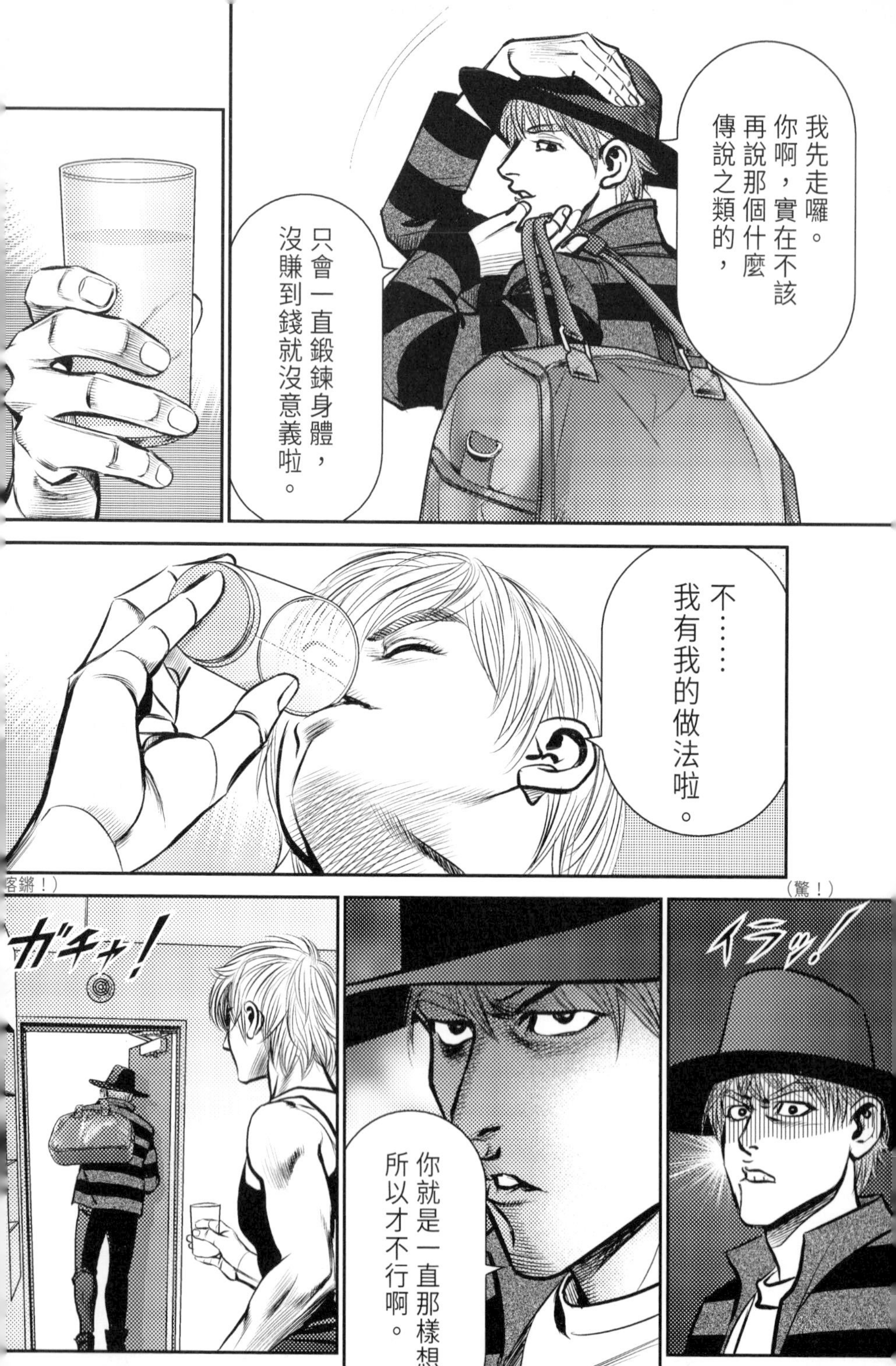
我先走囉。你啊，實在不該再說那個什麼傳說之類的，
只會一直鍛鍊身體，沒賺到錢就沒意義啦。
不……我有我的做法啦。
（驚！）
イラッ!
你就是一直那樣想，所以才不行啊。
客鏘！）
ガチャ!

MY CITY
JR 新宿駅

(乾杯——！)
PERIGNON·MILLESIME
Champagne
Dom Pérignon
Réserve de l'Abbaye
(哇哈哈哈哈)
阿弦，跟大家說說你那個傳說嘛！

我會打造歌舞伎町至今無人締造的最高紀錄，
成為歌舞伎町的No.1！
哈哈，我們笑笑就算了，但你最好不要跟其他客人這樣說。
會被別人笑死的！
（緊握……）

唉呀，畢竟你是跟我一起入行的同期，我也想好好對待你啊！好好努力，我就讓你當助手！
那就為了阿蘭，再點一瓶香檳吧！

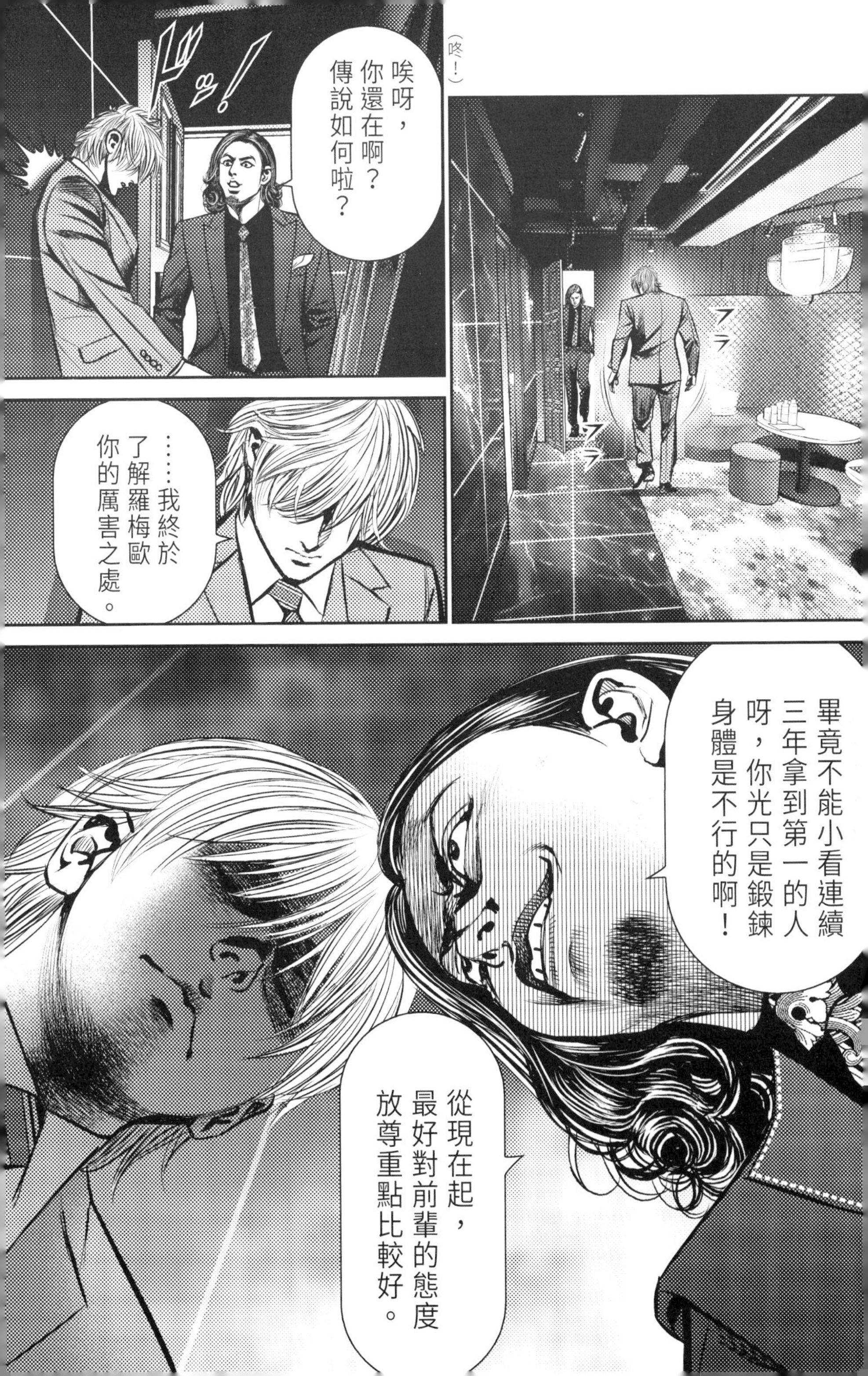
(咚！)
唉呀，你還在啊？傳說如何啦？
……我終於了解羅梅歐你的厲害之處。
畢竟不能小看連續三年拿到第一的人呀，你光只是鍛鍊身體是不行的啊！
從現在起，最好對前輩的態度放尊重點比較好。

我認同你的確很厲害，不過我認為重要的不是活了多久，而是怎麼活的。
我絕對要以這種形式，將你從第一名的寶座上拉下來！

二十歲時，羅蘭度大概有多少？

沒和女孩子說過多少話，卻進了男公關俱樂部

二十歲的羅蘭，羅蘭度大概有多少%呢……我想十八歲的時候，應該是從零開始的起點，不過是在二十歲的時候，我才重新喜歡上自己。從零開始，然後再次對自己證明了自我價值。也許我打基礎的時間比其他男公關都還要來得長，但助跑的長度也讓我大幅成長。創造歌舞伎町最年輕、營業額卻超過一千萬的紀錄等等，一路刷新各種紀錄後，終於買下了自己的店，成為老闆。

二十歲那年過年的一月有成人禮的活動，我終於能向一起進店裡的同事說「我是歌舞伎町 No.1 男公關」「我是社長」這些話。穿著白色西裝的模樣，讓大家欽

羨的目光集中在我身上，那**對於我來說就是一個凱旋儀式。就算是已經能將這種話說出口，店家卻被捲入超大的事件**……唉呀，這件事情是之後的故事了。

話題回到我還在奮鬥的那段時期。在男公關的世界當中，剛出道的我，根本完全派不上用場。說到底我原先是非常努力運動想成為一名運動員的，根本沒有什麼和女孩子聊天的經驗。在店裡就算被派出去到人家桌邊坐下，**別說是跟女孩子說話了，根本連對方的眼睛都不敢看**。看現在的我應該無法想像那種情況吧（笑）。

「我好像進了一個很糟糕的地方……」入行前三天一直悶悶不樂地想著這件事。但畢竟是自己斷絕後路來到此地，就算離開也沒辦法回老家。如果那時候我還有回家這條路可以選擇的話，大概就會離開了吧。明明是為了改變人生才來到這裡，別說是當個男公關了，根本連和女孩子說話都辦不到！「不希望自己維持這樣」而後悔萬分，於是**下定決心要磨練自己的說話技巧**。

但新人時期的牛郎畢竟手上沒有錢，因此只能去舊書攤搜刮一些自我啟發之類的書籍來閱讀。書上寫著「要帥氣地與女性交談，必須要先有自信」，於是心想該如何才能夠有自信呢？接下來只好開始學習能夠獲得自信的方法。時尚、文化，各種事情都專心一意去學習，就像是乾巴巴的海綿開始吸收水分那樣，我的心靈也獲得滋潤。

和前輩的對立情況非常嚴重，那時的日常生活就是被迫將烈酒一仰而盡，或是背後被說閒話等等。因為沒賺錢所以只能空腹灌下香檳，肚子裡都是酒精，每天只往來於住處和店家之間……

雖然體驗到全力追逐夢想卻又遭受挫折，但是想讓同時進公司的同事刮目相看，想成為非常厲害的男人，那種拚了老命的戰鬥精神，讓我並未心生辭職的念頭。雖然是非常慘烈的經驗，但也因此才能形成羅蘭的核心。

所以**那時羅蘭度大概是三十%左右吧？（笑）**

現在也會回想起自己第一個接待的女孩子

年輕奮鬥時期真的發生了很多事情，雖然也有覺得太好了的時候，但失敗比較是日常。沒有人一開始就是完美的男公關，我當然也是這樣。每天來歌舞伎町的女孩子遠比想像中的還要多，各式各樣的女孩子路過此處或停留在這兒，當中也有些人是來見我的，不過我一直都記得我第一位接待的女孩子。

雖然拚了命搭話、提問，但是對方完全沒有聽我說話。我彷彿是被痛毆了一頓，深刻理解原來自己這麼沒有用哪。我完全被丟在其他男公關與她談話的帳幕之外，整個晚上幾乎只能看著天花板發呆。那位女性默默地讓我明白了歌舞伎町有多麼嚴苛，我真的無法忘記她。

男公關的工作就是要聊天，因此說話的魅力是最重要的。所以我開始客觀分析自己說的話以及「魅力」所在。如果青少年時期一直都很受女性歡迎，有些事情也許可以做得到，但我畢竟沒有女朋友，是個萬分潔身自愛的運動員，所以才覺得「**這種情況下真是腦袋空空」，只好努力攝取知識、以科學方法來學習（笑）**。正因為有這些失敗，才能逐漸確立羅蘭這個人。

阿蘭很順利，不過阿弦就……
他非常高傲，就算沒做出成績，也還是不改變自己的作風。
3章 覺醒篇
要打造傳說的男人也不過如此啊……
就算訓他，也只回什麼「是時代趕不上我」之類的。
是不是該開除他了？

再三天沒有人
指名他的話，
也該開除了……
(刷刷)
肚子都快餓死了，
空腹喝酒
實在很痛苦……
這牙膏能
不能吃啊。

咕嚕～
這傢伙太無聊了，根本就沒有業績啊！
不過他的心靈實在強悍啦！大概跟鋼鐵沒兩樣。
不，前輩，我可是鑽石呢。
シィーーーン…
(靜——)

看他這副樣子，還說要改變牛郎歷史呢！
沒錯，我改變歷史的習慣，簡直跟換手機型號沒兩樣。
弦！你說時代趕不上你，但現在，你也只能喝酒給大家看吧！
好，看在羅梅歐這麼溫柔的份上，我點瓶香檳吧！
謝啦！

（咕嚕、咕嚕）
ゴク
ゴク
ゴクン!!
喝!
喝!
喝光啦!

喝！
喝！
ゴク
ゴク
繼續喝，吼搭啦！

WC
ドッ！
喂！你啊！這麼沒用！根本礙事！
知不知道啊！
ドッ！
ドッ！

ムグッ……
呿！
沒用的人……是你吧！

ヨロ
ヨロ
フラ
フラ...
(搖晃)
ヒク...
(看)
你們這樣，感覺好遜。
(瞪)
ギロ
這傢伙亂說什麼！

(倒！)

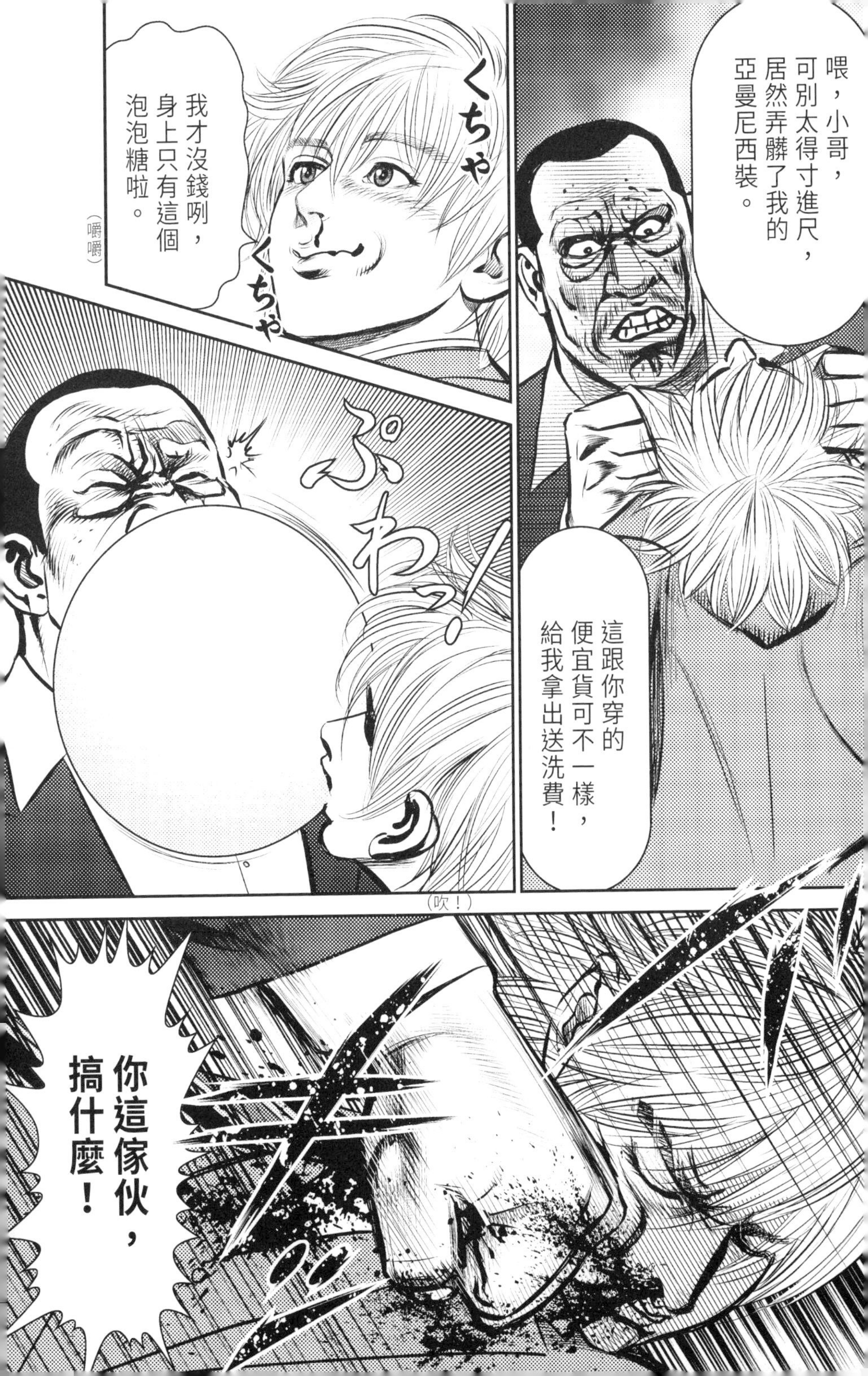
喂，小哥，可別太得寸進尺，居然弄髒了我的亞曼尼西裝。
這跟你穿的便宜貨可不一樣，給我拿出送洗費！
くちゃ
くちゃ
我才沒錢咧，身上只有這個泡泡糖啦。
（嚼嚼）
ぷわっ！
（吹！）
你這傢伙，搞什麼！

沒業績的窮牛郎，
別自以為是！

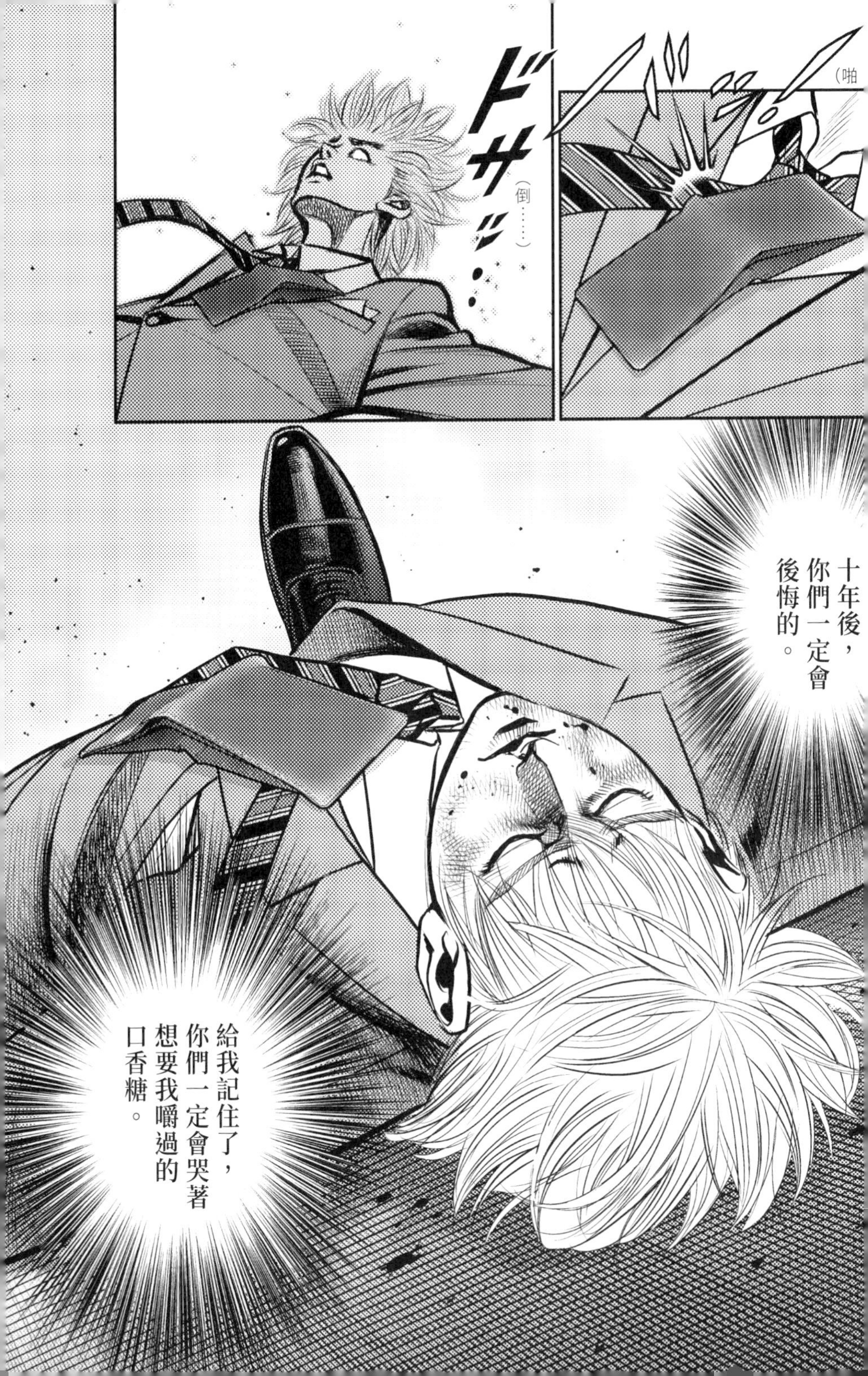
バッ
（啪
ドサッ
（倒……）
十年後，你們一定會後悔的。
給我記住了，你們一定會哭著想要我嚼過的口香糖。

太好了……還活著，他都是為了救我呀。
小牛郎，謝啦！

嗯？這眼睛……我好像見過你。
（驚訝！）
聖也先生！我在高中的時候，受過你的幫助！
因為崇拜你，所以進了這行！
你叫什麼名字？
在哪間店工作？

我是HAREM的弦！
聖也先生……我……
我可以去
你的店裡嗎……
我希望你能教我一切
事情，我想成為你的
後繼之人！

也不是不行……但是在我旗下工作，
就不能成為故事的主角了喔？

ギュッ
（咬！）
那就沒辦法了。
我只能活出自己的故事，
打造超越你的傳說。

這樣才是我的後繼者。

唉呀，他可是我的恩人呢，能為他做點什麼？
就賜予勇者一個新的名號……
我非常喜歡中世紀文學，
在查理曼大帝的故事中，有一位英雄是聖騎士羅蘭。

羅蘭……
你覺得羅蘭如何？

請務必讓我
使用這個名字！
新宿区役所通り
NSE
本店
30
我祈禱這個名字
有一天在歌舞伎町
成為傳說，
能夠傳進
我的耳裡喔。

弦！你的臉怎麼了！這可是做生意的工具，你搞什麼啊……
HAREM
KG×PRDC
如果與人起紛爭，我不能讓你出現在店裡，太礙事了，你就回去吧。
你就做到今天，這就是你的命運……

阿弦……
傳說結束了嗎……

（鏘！鏘！鏘！）
我好不容易得到
羅蘭這個
最棒的名字，
才不打算
就此結束……

(嘟嘟——)
ブーーブー
(接！)
チャッ！
你在哪裡？
有人指名你，
能馬上過來嗎？
森川店長
docomo
(鏘！)
我在棒球
打擊場熱身呢，
馬上到！

ドーン!!
ホームラン
是誰指名我呢？
我一定會用最好的表現，
讓你開心到極點！
我可是不屈
不撓的英雄
羅蘭！

阿弦，你的臉是怎麼回事？又打架了？
我的傳說已經在歌舞伎町傳開啦，每天遭人嫉妒，很辛苦呢！
你可是男公關啊！要多保護自己啦！
保護自己的臉蛋是常識吧！

我從以前，就不太會遵守規範……
我只知道守護艾瑪呀。
ポッ♡

一個月後
妳每天都來，我是很開心，但妳的工作怎麼辦？
我跟店長吵架了，還有一些其他事情，所以暫時休假啦。
那在妳能笑容滿面回去工作以前，我會好好安慰妳的。

NO.1
NO.3
NO.2
NO.9
NO.8
NO.7
NO.6
NO.5
NO.10
那傢伙在最後一天抓到了大客戶呢……
ROLAND
NO.10

先前阿弦看起來很沒精神，我實在很擔心。
沒想到你會帶這麼可愛的女孩子過來，真讓人開心。
店長！我改名囉，要叫我羅蘭！
真是個好名字！
JERRY THOMAS'
BAR-TENDERS GUIDE
How to Mix All Kinds of Plain and Fancy Drinks
這間酒吧除了酒以外，餐點也超好吃喔。
他特製的羅西尼可是有如傳說般的美味呢。

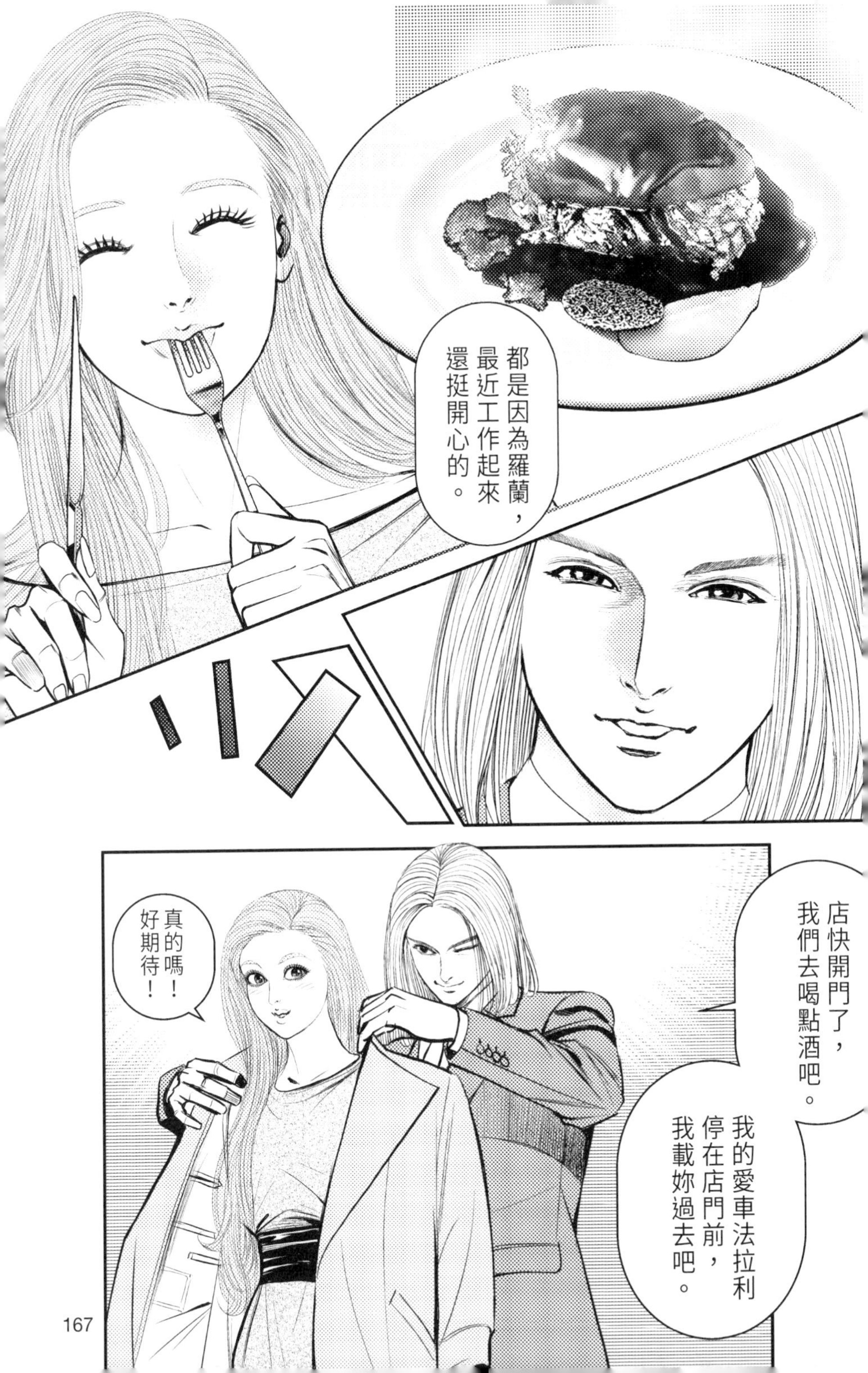
都是因為羅蘭，最近工作起來還挺開心的。
店快開門了，我們去喝點酒吧。
我的愛車法拉利停在店門前，我載妳過去吧。
真的嗎！好期待！

上來吧！
ガチャッ

不會吧！
快上來，否則就來不及搭上我的傳說啦！
你真是個有趣的人。

番街
走囉！我的時代
一定會來臨的。

我將會證明，
妳並沒有看錯人！
待續

美麗的誤會，造就了羅蘭

沒有挫折，就無法產生戰鬥之心

因為「美麗的誤會」而成為男公關、坐上第一名寶座，現在成為企業家，經營各式各樣行業。自男公關退休以後到現在，有許多人訝異我竟然做了這麼多事情。也有很多人問，這樣不是很辛苦嗎？不過對於歷經各種酸甜苦辣的我來說，我的基礎大概是永遠的中二病。

我想這大概也算是一種才能了。就像小孩子說「我想當超人力霸王」那種美好的誤會一樣，長大之後就會明白自己無法成為超人這個現實。但是若長大成人以後仍然誤會著「說不定我能夠成為超人力霸王吧？」這樣不是很棒嗎？如果大家能夠相信自己、感受到持續誤會下去的強悍與幸福，那就太好了。

只要一心想著自己能夠繼續誤會下去，也努力增強自己的實力，就會逐漸覺得自己一定做得到。有許多人為了成為大人而從中二病畢業，但刻意持續下去說不定反而能夠與眾不同。

我身為足球選手遭受第一次挫折，因為過於悔恨而成為男公關。看到曾和我同時間踢足球、一起玩耍的朋友上了電視，心想：「這些傢伙沐浴在陽光之下，為什麼不是我在那兒呢？」於是感到痛苦、無法喜歡自己。我想應該有許多人多多少少都抱持著這類心情、覺得有些煩躁吧？

但是，我並非因為野心或憧憬而成為男公關的。而是因為反骨、懊悔及怒氣。是起因於「總有一天讓你們好看」「我要成為比這些傢伙更厲害的男人」這種戰鬥之心。如果沒有這種心情，我應該也從歌舞伎町逃走了。正因如此，我才能努力讓自己成長，如果一開始就從事男公關，我應該沒辦法做到這個地步。

雖然重複說了很多次，不過正因為有這樣的原動力，羅蘭才能夠在這裡。

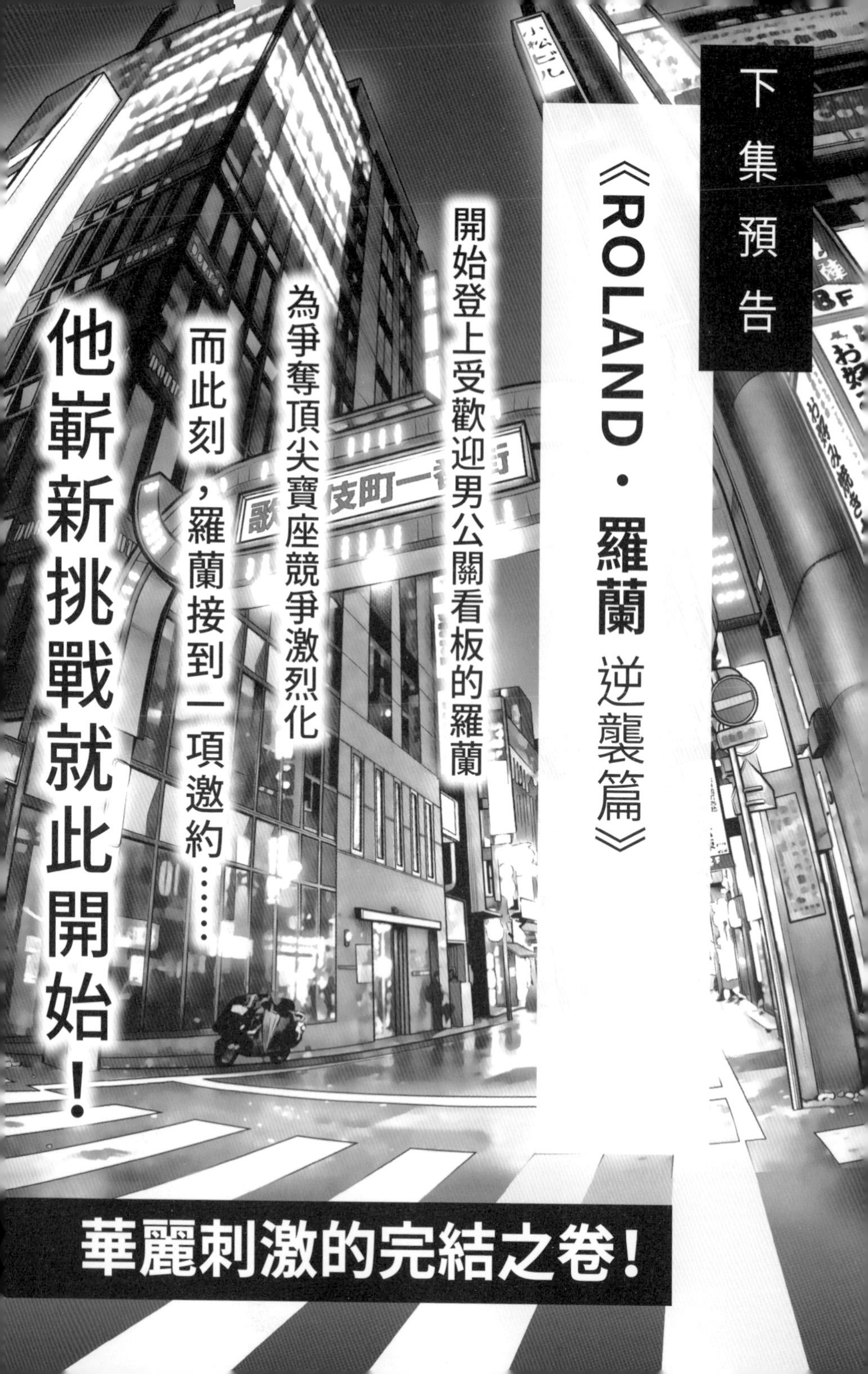
下集預告
《ROLAND・羅蘭 逆襲篇》
開始登上受歡迎男公關看板的羅蘭
為爭奪頂尖寶座競爭激烈化
而此刻，羅蘭接到一項邀約……
他嶄新挑戰就此開始！
華麗刺激的完結之卷！

profile

監修：ROLAND

1992 年 7 月 27 日出生於東京都，AB 型，被稱為「現代男公關界的帝王」。18 歲開始從事男公關，22 歲時創下當時歌舞伎町史上最高的轉店簽約金，引發話題造成轟動。25 歲就任 KG-PRODUCE 董事。2018 年的生日活動，一個晚上就創下 5500 萬日圓業績的驚人紀錄。退休後獨立成為企業家，目前經營男公關俱樂部、娛樂事業、男性脫毛沙龍等，大為活躍。另外也積極更新 YouTube 官方頻道《THE ROLAND SHOW》。

漫畫：井上紀良

1959 年 2 月 11 日出生於滋賀縣。曾任漫畫家青柳裕介、間宮聖士的助手，1978 年以《鳳梨喬》（「週刊少年 KING」）出道，之後於「週刊 YOUNG JUMP」發表《天使》《男子漢是天兵》（原作：雁屋哲）。以紐約警察為主角的《MAD ★ BLUE 捍衛雙警》（原作：小池一夫）極其成功的長期連載，之後改編的動畫也大受歡迎，成為其代表作。本次合作契機的《夜王》（原作：倉科遼）是曾被改編為日劇的暢銷作品，其他作品尚有《X》（原作：梶研吾）《黃龍之耳》（原作：大澤在昌）等。

國家圖書館出版品預行編目資料

ROLAND．羅蘭／ROLAND 監修；井上紀良 漫畫；黃詩婷 譯.
-- 初版. -- 臺北市：圓神出版社有限公司，2022.02
第1冊；14.8×20.8 公分. --（Tomato；74）
ISBN 978-986-133-810-1（全套：平裝）

1.羅蘭 2.傳記 3.漫畫

783.18 110021192

Eurasian Publishing Group
圓神出版事業機構
用心與你對話．網野無限寬廣
圓神出版社
Eurasian Press

www.booklife.com.tw reader@mail.eurasian.com.tw

TOMATO 074

ROLAND．羅蘭 起步篇

監　　修／ROLAND
漫　　畫／井上紀良
譯　　者／黃詩婷
發 行 人／簡志忠
出 版 者／圓神出版社有限公司
地　　址／臺北市南京東路四段50號6樓之1
電　　話／（02）2579-6600．2579-8800．2570-3939
傳　　真／（02）2579-0338．2577-3220．2570-3636
總 編 輯／陳秋月
主　　編／賴真真
責任編輯／林振宏
校　　對／林振宏．吳靜怡
美術編輯／簡　瑄
行銷企畫／陳禹伶．林雅雯
印務統籌／劉鳳剛．高榮祥
監　　印／高榮祥
排　　版／陳采淇
經 銷 商／叩應股份有限公司
郵撥帳號／18707239
法律顧問／圓神出版事業機構法律顧問　蕭雄淋律師
印　　刷／祥峰印刷廠
2022年2月 初版
2022年2月 2刷

ROLAND ZERO
by

定價660元 套書不分售 ISBN 978-986-133-810-1